W0473630

Schulausgabe

Leserabe

3. Lesestufe

Cornelia Neudert

Ein Jahr voller Pferde

Mit Bildern von Silke Voigt

Ravensburger Buchverlag

Bibliografische Information der Deutschen Nationalbibliothek:

Die Deutsche Nationalbibliothek verzeichnet diese Publikation
in der Deutschen Nationalbibliografie.
Detaillierte bibliografische Daten sind im Internet
über **http://dnb.d-nb.de** abrufbar.

1 2 3 12 11 10

Ravensburger Leserabe

Umschlagbild: Silke Voigt
Umschlagkonzeption: Sabine Reddig
Redaktion: Claudia Scharf
Printed in Germany
ISBN 978-3-473-38076-3

www.ravensburger.de
www.leserabe.de

Inhalt

Mai – Mein erster Ritt

Ich stand hinter dem Zaun der großen Pferdekoppel und knipste drauflos. Meine neue Digitalkamera war super, das beste Geburtstagsgeschenk, das ich je bekommen hatte!
Ich knipste und knipste: Gruppe von drei Ponys. Gruppe von drei Ponys plus Pferd. Pferd unter Baum. Sehr hübsch. Nur leider alles ziemlich weit weg. Der Zoom reichte nicht aus.

Bald war mir eins klar: Mit diesen Winzpferden würde das die ödeste Fotoserie aller Zeiten werden. Ich musste näher ran!
Die Tiere hoben die Köpfe, als ich über den Zaun auf die Weide kletterte. Ganz wohl war mir nicht dabei, aber so was muss man eben auf sich nehmen als Fotografin. Knips!
In dem Moment schüttelte ein dickes braunes Pferd seine Mähne, setzte sich in Bewegung und trabte in meine Richtung. Was sollte ich tun? Wegrennen? Aber das Pferd war auf jeden Fall schneller als ich, und wenn ich mich ruckartig bewegte, wurde es am Ende noch aggressiv!
Also blieb ich stehen. Ruhig bleiben, Lilly, ganz ruhig, redete ich mir zu. Der Braune kam immer näher. Hatten Pferde eigentlich was gegen rote T-Shirts?

Ich schluckte und sah dicke Beine mit riesigen Hufen auf mich zutrampeln.

Und plötzlich schnaubte mir warmer Atem ins Gesicht. Weiche Nüstern stupsten mich in den Bauch und schnupperten an der Kamera.

„He!“, sagte ich. Pferdesabber auf der Linse hatte mir gerade noch gefehlt!

Schnell versteckte ich die Kamera hinter meinem Rücken.

Da hörte ich ein Lachen.

Am Zaun stand ein Junge, ein bisschen älter als ich. Er rief: „Joker!“

Sofort drehte das Pferd seinen riesigen Kopf und trabte zu ihm hinüber. Mit wackeligen Knien folgte ich ihm und schlüpfte auf die andere Seite des Zauns.
„Hattest du Angst, dass er dich frisst?", gluckste der Junge.
„Ha, ha", machte ich. Das war nicht besonders einfallsreich, also schob ich nach: „Ich hab doch keine Angst vor einem Pferd!"
Das war auch nicht besonders einfallsreich.
Der Junge sah das wohl genauso.
Er grinste.

„Joker ist das bravste Pferd auf der Welt. Aber ich wette, du traust dich trotzdem nicht, auf ihm zu reiten!“, sagte er.
„Ach ja?“, fauchte ich. „Und ob ich mich traue!“
Das war mir herausgerutscht, ehe ich groß darüber nachdenken konnte.
Der Junge hob die Augenbrauen.
„Na, dann zeig doch mal!“
Er kletterte über den Zaun, fasste das Pferd am Halfter und führte es direkt neben das Gatter.

„Steig auf!“, sagte er.
Mir schlug das Herz bis zum Hals. Ob aus Angst oder aus Wut, weiß ich nicht.
Diesem Großmaul würde ich es jedenfalls zeigen!
Die Kamera legte ich vorsichtig ins Gras.
Dann hielt ich mich mit schwitzigen Händen am Gatter fest und kletterte darauf.
Mann, ist so ein Pferd hoch! Und wie breit!
Unsicher schwang ich ein Bein über seinen Rücken und ließ den Zaun los. Es war seltsam, da oben zu sitzen, und mir fiel plötzlich auf, dass da gar nichts zum Festhalten war! Ängstlich krallte ich mich in die Mähne – das hatte ich mal in einem Film gesehen. Aber Joker schien das nicht zu gefallen. Er schüttelte sich und schnaubte, sodass sein ganzer Pferdekörper bebte.

Gut, gut, so also nicht.
Ich ließ los und beeilte mich, Joker beruhigend zu streicheln.
Das verstand er völlig falsch.
Er setzte sich in Bewegung! Zwar nur ganz langsam, doch ich glitt hin und her und fühlte mich wie auf einer eingeseiften Tonne.

Aber nach einigen Metern schon wurde ich sicherer. Eigentlich war es ganz gemütlich hier oben. Ich gewöhnte mich an den Rhythmus der Pferdeschritte, und es begann, mir Spaß zu machen.

Die anderen Pferde grasten friedlich. Jenseits der Weide standen blühende Apfelbäume. Ein leichter Wind strich über die Felder. Ich wurde hin und her gewiegt, Jokers Pferdeduft stieg mir in die Nase, und mit einem Mal kam mir Reiten vor wie das Wunderbarste auf der ganzen Welt. Als ich an dem Jungen vorbeikam, warf ich ihm von oben einen triumphierenden Blick zu. Er grinste mich an – und gab dem Pferd einen Klaps auf den Hintern! Das wunderbare Gefühl war schlagartig weg. Joker beschleunigte seine Schritte und schlug mit dem Schweif, sodass sein ganzes Hinterteil wackelte.
Ich schrie auf, presste dann aber sofort die Lippen aufeinander, denn nun begann Joker zu traben. Etwas Schrecklicheres hatte ich noch nie erlebt. Ich hing auf dem Pferderücken wie ein Sack Kartoffeln,

rutschte nach links, rutschte nach rechts und versuchte verzweifelt, das Gleichgewicht zu halten.
Endlich, am Ende der Koppel, blieb Joker stehen. Ich sah hinunter in die Tiefe. Vorsichtig, ganz vorsichtig ließ ich mich von seinem Rücken rutschen. Dann knickten mir die Beine weg, und ich landete mit einem Plumps auf dem Po.

Joker drehte sich um. Er hatte bereits einen Büschel Gras im Maul und musterte mich kauend.

Es dauerte, bis ich mich wieder aufrappeln konnte. Meine Beine zitterten noch immer, als ich zum Zaun taumelte. Da stand der Junge mit meinem Fotoapparat und schoss ein Bild nach dem anderen.
„Zur Erinnerung!“, rief er grinsend, legte die Kamera hin und rannte davon.
Ich ließ mich ins Gras fallen und blieb lange Zeit liegen, betrachtete den Himmel und die Wolken, die Apfelbäume und die Pferde auf der Weide. Und langsam verging der Schreck. Übrig blieb der Gedanke an diesen einen wunderschönen Moment auf Jokers Rücken.
Und plötzlich wusste ich: Ich war verliebt.
In Pferde.

Juli – Ein unverhofftes Wiedersehen

Seit vier Wochen reite ich richtig. Ich habe meine Eltern so lange genervt („Bitte-bitte-bitte-bitte!“), bis sie eingewilligt haben, mir den Reitunterricht zu bezahlen. Und es macht so viel Spaß! Am tollsten ist Galopp! Das ist wie Fliegen.

Striegeln und Hufauskratzen mag ich auch. Dabei kann man so schön mit den Pferden schmusen. Aber damit Pferdefüße gesund bleiben, reicht Hufauskratzen nicht. Sie müssen regelmäßig zur Hufpflege. Zur Maniküre sozusagen.

Darum kam eines Nachmittags Paulas Papa auf den Hollerhof, der ist nämlich Hufschmied. Paula reitet auch hier auf dem Hof, und ich fand sie von Anfang an total nett.

„Meinst du, ich kann deinen Vater mal bei der Arbeit fotografieren?“, fragte ich sie beim Stallausmisten. Ich mache nämlich gerade ein Pferdefoto-Album.

„Kein Problem“, meinte sie gleich.

Als ich am nächsten Tag auf den Hof kam, war der Hufschmied gerade dabei, Shogun die alten Eisen abzunehmen. Er trug über der Hose einen dicken Lederschutz und hantierte mit einer riesigen Kneifzange.

Paula hatte Shogun am Halfter gefasst und redete ihm gut zu. Auf der anderen Seite stand ein Junge und hielt Shoguns Hinterhuf in die Höhe, damit der Schmied gut an das Eisen kam. Man sah, dass der Junge ziemlichen Respekt vor dem Pferd hatte. Zugegeben: Shogun sieht Furcht einflößend aus, pechschwarz und riesig und mit Narben im Gesicht, weil er einmal als Fohlen in einen Stacheldraht gelaufen ist. Aber er ist eines der bravsten Pferde, die ich kenne.

Neugierig trat ich näher und riss überrascht die Augen auf. Dieser Junge, der den Huf hielt – war das nicht …?
Doch! Natürlich! Es war derselbe, der mich zu dem Ritt auf Joker herausgefordert hatte!
Er erkannte mich und wurde knallrot.
„Na, hast du Angst, dass das Pferd dich frisst?“, fragte ich.
Er antwortete nicht, wurde aber noch röter.

„Lilly! Du kennst meinen Bruder Leo?“, fragte Paula überrascht.
„Ein bisschen“, sagte ich nur.

Sollte ich diesem Leo böse sein? Immerhin hatte er mir ja gezeigt, wie schön das Reiten ist.
Ich beschloss, ihn nicht weiter zu beachten, und fotografierte den Schmied.

Als er gerade das letzte Eisen abmachen wollte, rief ihn unsere Reitlehrerin Steffi in den Stall. Sie wollte mit der Haflingerstute Jackie ins Gelände und war sich nicht sicher, ob sie zuvor ebenfalls neu beschlagen werden musste.
„Bin gleich wieder da“, meinte der Schmied.

Während wir warteten, trippelte Shogun unruhig hin und her. Er trug jetzt nur noch am linken Vorderhuf ein Eisen und fühlte sich damit offensichtlich nicht wohl.
Plötzlich meinte Leo: „Wir machen ihm das letzte Eisen schnell selbst ab."
„Meinst du, das schaffen wir?", fragte Paula zögernd.
„Natürlich!", erwiderte Leo. „Wenn du den Huf hältst …"
„Das mache ich", unterbrach ich ihn. Ich bin größer und kräftiger als Paula, und so ein Huf ist ganz schön schwer.

Außerdem wollte ich Leo beweisen, dass ich inzwischen keine Angst mehr vor Pferden hatte.
Er griff sich die Zange, und während ich den Huf hielt, versuchte er, das Eisen zu lockern. Es dauerte ewig, bis er nur den ersten Nagel herausgezogen hatte.
Shogun versuchte immer wieder, seinen Fuß wegzuziehen. Er konnte es nicht leiden, auf drei Beinen zu stehen.

„Beeil dich mal! Er wird schon ganz ungeduldig!", rief Paula ihrem Bruder zu. „Leicht gesagt!", schnaufte der und werkelte weiter.
Da sah ich sie. Aus dem Himmelsblau schwebte eine riesige Pferdebremse zielsicher zu uns herab und ließ sich surrend auf Shoguns glänzendem Hintern nieder.

„Vorsicht!", rief ich noch.
Aber zu spät. Die Bremse stach zu, und Shogun hatte endgültig die Nüstern voll.

Er wieherte, riss den Kopf hoch, sein Schweif peitschte Leo voll ins Gesicht, mir rutschte der Huf aus den Händen. Paula ließ das Halfter los. Shogun rannte – klack, klack, klack, klonck – durchs Hoftor und verschwand.

„Ach du Scheiße", murmelte Leo.

„Wir müssen ihn wieder einfangen!", schrie Paula.

Ohne viel Hoffnung liefen wir Shogun nach. Wenn er erst einmal losgaloppierte, hatten wir keine Chance, ihn einzuholen.

Aber er war nicht weggerannt. Das stellten wir erleichtert fest, als wir um die Mauerecke bogen.
Shogun stand unter einem Kirschbaum, rieb sein Hinterteil am Stamm und naschte von den dunkelroten Früchten.

Als wir ankamen, drehte er den Kopf und sah uns an. Vorwurfsvoll, wie mir schien. Immerhin ließ er sich von Paula am Halfter fassen und brav zurück in den Hof führen.

Leo hielt sich von Shogun fern, auch als sein Vater schließlich das vierte Hufeisen abnahm, die Hufe schnitt und feilte und die neuen Eisen anpasste.
Shogun ließ die Prozedur über sich ergehen, aber er wirkte doch sehr froh, als sie endlich zu Ende war.
„Komm uns doch mal besuchen", meinte Paula später. „Dann stelle ich dir unsere Pferde vor: Karamell und Moskito und Max. Und natürlich Joker!"
Ich strahlte sie an und sagte ihr nicht, dass ich zumindest Joker schon längst kennengelernt hatte.

Oktober – Ausritt im Nebel

Eigentlich wollte Steffi heute den Ausritt ausfallen lassen wegen des Nebels.
Aber wir Reitschüler bettelten so lange, bis sie schließlich seufzte: „Also gut, ihr Nervensägen!"
Wir sattelten die Pferde, und los ging's.
Steffi ritt wie immer voraus.
Ich saß auf Bianco, meinem Liebling. Er ist noch ziemlich jung und bestimmt gern, wo es langgeht. Aber damit hatte er heute Pech: Wir beide bildeten das Schlusslicht.

Vor uns ritt Paula auf Freya. Ich sah gerade noch den Po der alten Islandstute. Die anderen Pferde und ihre Reiter waren nur Schemen im Nebel.

Bianco gefiel es überhaupt nicht, der Letzte zu sein. Immer wieder versuchte er, an Freya vorbeizulaufen.
„Du kleiner Drängler!“, schimpfte ich leise mit ihm.
Schließlich wurde es mir zu bunt. Ich lehnte mich im Sattel nach hinten, drückte Bianco die Schenkel in die Flanken und zog die Zügel an. Erst beim zweiten Versuch blieb er widerwillig stehen.

Ich stieg ab und sagte: „So, jetzt warten wir eine Weile. Das hast du nun von deiner Ungeduld.“
Die anderen Pferde wurden vom Nebel verschluckt. Ihre dumpfen Huftritte verhallten in der Ferne. Wir waren allein. Mir wurde etwas seltsam zumute.
„Also auf, Kleiner, holen wir sie wieder ein!“, sagte ich betont fröhlich und stieg wieder auf. Gut gelaunt trabte Bianco los. Als wir an eine Weggabelung gelangten, zögerte ich. Im Nebel sah alles anders aus als sonst.

„Und jetzt?“, fragte ich.
Doch Bianco gab – natürlich – keine Antwort.
Unsicher lenkte ich ihn nach links. Seine Schritte klangen dumpf und irgendwie einsam. Der Nebel lag wie Watte um uns herum. Immer wieder glaubte ich, die anderen vor mir auftauchen zu sehen. Aber beim Näherkommen waren es dann doch nur Büsche oder kleine Bäume.
„Bald haben wir sie“, sagte ich zu Bianco.
Von wegen. Wir waren inzwischen über zwei oder drei Kreuzungen geritten, und ich hatte keine Ahnung, wo wir uns befanden.
Schließlich wendete ich Bianco.
„Ich glaube, es ist besser, wir kehren um“, sagte ich und versuchte, meine Stimme fest klingen zu lassen.

Aber schon nach wenigen Metern kam mir alles noch unbekannter vor.
War das der richtige Weg? Der große Baum da! Hatte ich den vorhin schon gesehen? Und waren wir an dieser Weggabelung von links oder von rechts gekommen?
Ich ließ Bianco im Schritt gehen.

Inzwischen kam es mir vor, als würde ich schon endlos lange durch den Nebel reiten. Links und rechts des Weges duckten sich kleine Büsche und reckten ihre Dornenfinger nach mir. Ein Zweig wippte, etwas raschelte. Erschrocken zuckte ich zusammen. Bianco blieb stehen.

Ob sich dort im Nebel etwas versteckte? Auf der Lauer lag?! Um plötzlich hervorzuspringen?! Mich vom Pferd zu reißen?! – Eine dunkle Gestalt! Hingekauert! Mit Krallen! Reißzähnen!! Ihre glühenden Augen stierten nach mir, Geifer troff ihr vom Maul … Gleich! Gleich würde sie sich auf mich stürzen!!

Mein Atem ging heftig, stoßweise. Kalter Schweiß stand mir auf der Stirn. Stocksteif saß ich auf Biancos Rücken.
Natürlich war das alles Blödsinn. Da war nichts, das wusste ich.
Trotzdem. Trotzdem hatte ich eine Riesenangst.
Warum nur hatte ich kein Handy dabei?
Ich holte tief Atem, klopfte mit den Unterschenkeln an Biancos Bauch und flüsterte: „Lauf heim, Bianco! Ich versprech dir ganz viele Äpfel und Karotten, wenn wir dort sind!“

Besonders entschlussfreudig wirkte er nicht. Sein Fell glänzte feucht. Er ließ den Kopf hängen und schnupperte an einem gelblichen Grasbüschel.
Plötzlich drang aus dem Nebel vor uns ein Geräusch. Ich zuckte zusammen und krampfte die Hände um die Zügel. Bianco riss den Kopf hoch und tänzelte nervös. Fast wäre ich aus dem Sattel gefallen.
Da! Wieder das Geräusch!
Mit aufgerissenen Augen starrte ich nach vorn.
Ein riesiger Schatten schälte sich aus dem Nebel.

Ich wollte gerade loskreischen, da erkannte ich – Paula auf Freya!
„Mensch, Lilly! Da bist du ja!“, sagte sie.
„Du warst auf einmal nicht mehr hinter mir. Ich dachte schon, wir hätten dich verloren!“
Ich wusste nicht, ob ich lachen oder weinen sollte.
Der Hollerhof war ganz nahe. Gerade als die anderen durchs Hoftor ritten, schlossen Paula und ich hinter ihnen auf. Zumindest eine Standpauke blieb mir erspart. Von meiner Abwesenheit hatte nämlich keiner etwas bemerkt. Der Nebel war einfach zu dicht gewesen.

Dezember – Wildpferde

„Es klappt! Meine Großeltern haben sich um alles gekümmert!"
Ich strahlte über das ganze Gesicht, als ich zu Steffi in den Reitstall stürmte. Meine Großeltern wohnen nämlich in Chile, und wenn das Geld reicht, fliegen wir sie einmal im Jahr besuchen. Meistens an Weihnachten, dann ist in Südamerika Sommer, und man kann schwimmen und in der Sonne liegen.

Dieses Jahr aber wollten wir zelten. Ganz im Süden. Dort ist es zwar ziemlich kühl, denn der Süden Chiles liegt fast schon in der Antarktis. Dafür sind die Tage unendlich lang. Die Sonne geht um vier oder fünf Uhr auf und erst gegen Mitternacht unter. Papa würde mit seinen Eltern wandern gehen, und Mama und ich konnten schöne Ausritte machen. Ich war ganz verrückt vor Freude.
Steffi freute sich mit mir.
„Vergiss Bianco nicht ganz“, sagte sie und drückte mich fest zum Abschied.

Unser Campingplatz lag an einem Fluss zwischen gigantischen schneebedeckten Bergen. Und Mama und ich hatten einen tollen Pferdeführer: Nicolas. Er war auf einer Schaffarm ganz in der Nähe aufgewachsen, studierte nun im Norden Chiles, kehrte aber jeden Sommer in den Süden zurück, um sich etwas Geld zu verdienen.

Vor unserem ersten Ausflug war ich sehr aufgeregt. Ich sah Nicolas zu, wie er die Pferde zusammentrieb. Sie grasten nämlich frei, und er musste sie jeden Morgen erst einfangen. In einer Staubwolke kamen sie angedonnert.

Ich half Nicolas beim Satteln und Aufzäumen. Das war anders, als ich es gewohnt war. Der Sattel war breit und dick mit Schaffell gepolstert, die Zügel waren einfache Seile.

Auch das Reiten war anders. Die Zügel hielten wir nur in einer Hand, und mein Pferd Tontín gehorchte mehr auf Zuruf als auf Schenkeldruck.
„Tontín“ ist spanisch und bedeutet „kleiner Dummkopf“. Tontín war aber alles andere als dumm. Er merkte ganz genau, dass ich kein südamerikanischer Cowboy war, und gehorchte anfangs nicht richtig. Aber mit der Zeit gewöhnte ich mich an die neue Art zu reiten, und es ging besser.

Wir ritten durch ein breites Tal zwischen den Bergen. Ein Fluss schlängelte sich voran, und auf den Wiesen blühten Millionen von Margeriten. Ab und zu durchquerten wir klare, flache Bäche. Dann spritzte das Wasser in hellen Tropfen unter den Hufen der Pferde.
Das Tal kam mir vor wie verzaubert – oder verhext. Bis auf den Wind war alles still.
Ich sah seltsame Vögel: Gänse mit schwarzen Schnäbeln, geierartige Greifvögel, und in den Bäumen flatterten grüne Papageien. Immer wieder hielt ich an, um zu fotografieren.
Nicolas deutete auf einen Berghang vor uns.
„Dort leben Wildpferde“, sagte er. „Sie sind die Nachfahren von Hauspferden, die irgendwann weggelaufen sind.“
Ich war gleich Feuer und Flamme.

„Reiten wir hin!“, rief ich. „Ich möchte sie sehen!“
Nicolas lachte. „Ich glaube nicht, dass uns das gelingt“, meinte er. „Sie sind sehr scheu.“
Trotzdem wollte ich es versuchen. Ich ließ nicht locker, und schließlich hatte ich Nicolas und meine Mutter überredet, einen Abstecher zu dem Berg zu machen.
Wir verließen das Tal und ritten durch den Wald aufwärts. Die Bäume waren niedrig und vom Wind gebeugt.

Wir ritten und ritten. Die ganze Zeit über hielt ich angestrengt Ausschau nach den Wildpferden – vergeblich.
Schließlich stöhnte Mama: „Lilly, ich glaube, das wird nichts. Wir können nicht ewig weiterreiten! Lass uns umkehren!"
„Bitte, noch zehn Minuten!", bettelte ich, obwohl mir inzwischen auch schon der Hintern und die Beine wehtaten.
„Also gut. Aber dann geht's zurück", sagte Mama und ich merkte, dass es sinnlos war zu widersprechen.
Der Weg wurde immer steiniger.
Allmählich trat der Wald zurück, und wir blickten über einen steilen Hang hinab auf einen merkwürdig türkisgrünen See. Vor einem felsigen Vorsprung hielt Nicolas sein Pferd an.
„Kehren wir um", sagte er. „Sonst wird es zu anstrengend."

Enttäuscht ließ ich den Kopf hängen. Ich hätte so gerne die Wildpferde gesehen … Nicolas und meine Mutter hatten ihre Pferde schon gewendet. Ich wollte ihnen eben folgen, da bemerkte ich, wie Tontín seine Ohren drehte und die Nüstern aufblies.

Ich trieb ihn an, sodass ich um den Felsvorsprung herumsehen konnte. Und da standen sie, nur ein Stück entfernt, unter einer kleinen Baumgruppe. Es waren mehrere kleine schwarze und braune Pferde: Wildpferde, frei wie der Wind.

Einen Augenblick lang starrten wir uns reglos an, dann wandte sich die Herde wie auf ein Kommando um und galoppierte davon.
Und ehe ich begriff, was geschah, rannte Tontín ihnen hinterher. Ich hatte keine Zeit, irgendetwas von dem zu tun, was mir Steffi im Reitunterricht beigebracht hatte. Ich klammerte mich nur verzweifelt am Sattel fest und schrie: „Tontín! Halt an!“ Aber der kleine Dummkopf verstand natürlich kein Deutsch.

Und dann geschah etwas, was mir den Atem stocken ließ. Die Wildpferde stürzten sich den Abhang hinab! Er war so steil, dass ich mich selbst kaum getraut hätte, auf allen vieren hinunterzukriechen. Tontín würde doch nicht … Er konnte doch nicht … Wir würden uns beide den Hals brechen!!!

Einen Schritt vorm Abgrund blieb Tontín stehen. Er reckte die Nase weit nach unten und starrte den Wildpferden hinterher. Mit gestreckten Hälsen und fliegenden Mähnen schossen sie hinunter. Wie Schatten. Schwerelos.

Unten verschwanden sie zwischen den Sträuchern am Seeufer wie ein Spuk.
„Ganz ruhig!“, sagte ich mit zitternder Stimme, ergriff Tontíns Zügel und wendete ihn. Während wir Mama und Nicolas einholten, drehte er noch mehrmals den Kopf und schaute zurück.
Noch viel später, nachts, als ich im Zelt lag, klopfte mein Herz, wenn ich an die Begegnung mit den Wildpferden zurückdachte. Kaum schloss ich die Augen, sah ich sie vor mir, wie sie auf den Abhang zustürzten und ihn hinunterglitten wie Geisterpferde.

Februar – Das Wettrennen

Ich war mit Paula verabredet und stapfte auf ihr Haus zu. In der Nacht hatte es fast einen halben Meter geschneit. Alles lag unter einer dicken, weißen Decke aus Pulverschnee. Ich konnte es kaum erwarten, durch diese friedliche Winterlandschaft zu galoppieren.
Aber schon als Paula öffnete, merkte ich, dass es zwischen ihr und ihrem Bruder Leo gerade alles andere als friedlich zuging. Eine heiße Diskussion war im Gange.

„Was ist denn los?“, fragte ich.
„Ach, Leo behauptet, dass er besser reiten kann als ich“, fauchte Paula.
„Stimmt ja auch“, entgegnete Leo. „Ich hab einfach die bessere Technik! Ich beweise es dir! Wir machen ein Wettrennen! Wer gewinnt, ist der bessere Reiter.“
Paula schnaubte. „Wer gewinnt! So ein Blödsinn! Das sagt doch überhaupt nichts darüber aus, wer besser reiten kann!“
Aber Leo ließ nicht locker, und so gingen wir in den Stall, um die Ponys zu satteln.

Mein alter Freund Joker begrüßte mich freundlich. Als er merkte, dass wir vorhatten, ohne ihn auszureiten, schien er ziemlich beleidigt. Ich konnte ihn verstehen. Wer will an so einem Tag schon im Stall herumstehen?
Leo war das im Moment egal. Er dachte nur an das Wettrennen.
„Ich nehme Karamell!", rief er. „Weil ich der Schwerste bin!"
„Pah! Er will sie doch nur, weil sie die längsten Beine hat", sagte Paula zu mir.
Leo beeilte sich mit seiner Karamell.
Während Paula und ich die beiden anderen Ponys Moskito und Max sattelten und aufzäumten, stand er schon draußen und rief: „Erster Schnelligkeitspunkt für mich!"
Paula verdrehte die Augen.
Auf dem Weg zur Koppel ließen wir die Ponys traben, um sie aufzuwärmen.

Am Zaun sagte Leo: „Das Ziel ist der Pflaumenbaum! Startklar?“
Ich nickte, und Paula rief: „Auf die Plätze, fertig, los!“
Schon preschten die beiden auf Max und Karamell davon. Karamell lag bald vorne.

Sie hatte wirklich lange Beine. Ich war auf dem alten Moskito die Letzte. Aber das war sowieso klar gewesen. Paula und Leo ritten viel besser als ich. Außerdem saßen sie auf ihren eigenen Ponys.

Obwohl ich ganz hinten war, genoss ich das Wettrennen. Der Schnee stob unter Moskitos Hufen auf und wirbelte uns um die Ohren. Ich spürte, wie sich das Pony freute, aus dem Stall heraus zu sein.
Mit einem Mal bemerkte ich etwas Seltsames: Karamell fiel zurück. Was war mit Leo los? Er hing total schief auf dem Pferderücken …

Bald hatte Moskito Karamell eingeholt. Und da sah ich, was passiert war. Leos Sattel rutschte! Er saß nicht mehr auf Karamells Rücken, sondern hing an ihrer Seite!
Karamell machte noch einige letzte Schritte. Dann blieb sie stehen und drehte neugierig den Hals, um zu sehen, was ihr Reiter für eigenartige Verrenkungen machte.
„So ein Mist!“, hörte ich Leo noch schimpfen, dann rutschte er endgültig ab und plumpste in den Schnee. Er machte ein dermaßen dummes Gesicht, dass ich lachen musste.

Klick! Gut, dass ich meine Kamera immer griffbereit hatte.
„Was soll das?“, knurrte Leo.
„Das hänge ich neben die Fotoserie von meinem ersten Ritt auf Joker“, antwortete ich und platzte fast vor Lachen.

Paula hatte den Pflaumenbaum längst erreicht und drehte sich nach uns um.
Als sie sah, dass ihr Bruder im Schnee lag, kam sie schnell zu uns zurückgetrabt.

Leo rappelte sich hoch.
„Was ist denn passiert?“, fragte Paula, als sie bei uns ankam.
Leo sagte nichts, aber ich gluckste: „Sein Sattel! Er hat den Gurt nicht fest genug angezogen!“
Da begann auch Paula zu lachen.
„Das kommt davon, wenn man beim Satteln der Erste sein will und darüber vergisst nachzugurten!“, prustete sie.

„Ja, ja, schon gut!“, knurrte Leo. Er klopfte den Schnee von der Kleidung und wandte sich Karamell zu. Das Pony sah ihn vorwurfsvoll an, der Sattel hing ihm fast unterm Bauch.
Während er versuchte, ihn wieder gerade zu rücken, begann er mit einem Mal selbst zu glucksen. Er kicherte so sehr, dass er abermals in den Schnee plumpste.

Paula stieg ab, warf einen Schneeball auf Leo und half ihm dann mit dem Sattel. Anschließend machten wir noch einen gemütlichen Ritt am Waldrand entlang. Und Paula war sogar so rücksichtsvoll, ihren Bruder nur viermal darauf hinzuweisen, dass sie das Rennen gewonnen hatte.

Cornelia Neudert stammt aus Eichstätt in Bayern. Sie hat Germanistik, Anglistik und Kunstgeschichte in München studiert. Seit 1997 arbeitet sie beim Kinderfunk des Bayerischen Rundfunks. Im Leseraben sind schon jede Menge Bücher von ihr erschienen. Besonders gerne erzählt sie spannende Geschichten von großen und kleinen Tieren. Cornelia Neudert lebt mit ihrem Mann und ihrem kleinen Sohn in Freising.

Silke Voigt wurde 1971 in Halle an der Saale geboren. Sie hat an der Kunsthochschule Burg Giebichenstein in Halle und an der Hochschule für Gestaltung in Münster Grafikdesign studiert. Seit 1996 arbeitet sie als freiberufliche Illustratorin.
Für den Leseraben hat sie zahlreiche Bücher illustriert und erzählt in wunderbaren Bildern von mutigen Piraten, frechen Hexen und wilden Ponys.

Leserätsel

mit dem Leseraben

Super, du hast das ganze Buch geschafft! Hast du die Geschichte ganz genau gelesen? Der Leserabe hat sich ein paar spannende Rätsel für echte Lese-Detektive ausgedacht. Mal sehen, ob du die Fragen beantworten kannst. Wenn nicht, lies einfach noch mal auf den Seiten nach. Wenn du die richtigen Antwortbuchstaben in die Kästchen auf Seite 58 eingesetzt hast, bekommst du das Lösungswort.

Fragen zur Geschichte

1. Warum klettert Lilly über den Zaun auf die Pferdeweide? (Seite 5)

J: Weil sie die Pferde aus der Nähe fotografieren will.

L: Weil sie die Pferde streicheln will.

2. Welchen Beruf hat der Vater von Paula und Leo? (Seite 15)

I: Er ist Reitlehrer.

O: Er ist Hufschmied.

3. Warum hält Lilly bei ihrem Ausritt an? (Seite 26/27)

M: Sie will Bianco eine Verschnaufpause gönnen.

K: Sie will Bianco vom Drängeln abhalten.

4. Warum freut sich Lilly so auf ihren Urlaub in Chile? (Seite 35)

E: Weil sie mit ihrer Mutter Ausritte machen wird.

A: Weil sie gemütlich in der Sonne liegen wird.

5. Warum bricht Leo das Wettrennen plötzlich ab? (Seite 50)

N: Er ist sauer, weil er das langsamste Pony bekommen hat.

R: Er rutscht aus dem Sattel und plumpst in den Schnee.

Lösungswort:

1	2	3	4	5

Rabenpost

Super, alles richtig gemacht! Jetzt wird es Zeit für die RABENPOST.
Schicke dem LESERABEN einfach eine Karte mit dem richtigen Lösungswort. Oder schreib eine E-Mail.
Wir verlosen jeden Monat 10 Buchpakete unter den Einsendern!

An den LESERABEN
RABENPOST
Postfach 2007
88190 Ravensburg
Deutschland

leserabe@ravensburger.de
Besuche mich doch auf meiner Webseite:
www.leserabe.de

Ravensburger Bücher vom Leseraben

Lesespaß für Leseprofis ab der 3. Klasse

ISBN 978-3-473-**36342**-1

ISBN 978-3-473-**36214**-1

ISBN 978-3-473-**36344**-5

ISBN 978-3-473-**36343**-8

ISBN 978-3-473-**36358**-2

ISBN 978-3-473-**36187**-8

ISBN 978-3-473-**36210**-3

ISBN 978-3-473-**36225**-7

ISBN 978-3-473-**36341**-4

www.ravensburger.de / www.leserabe.de

Ravensburger